In 27 15792

BIOGRAPHIE

DE PARQUIN.

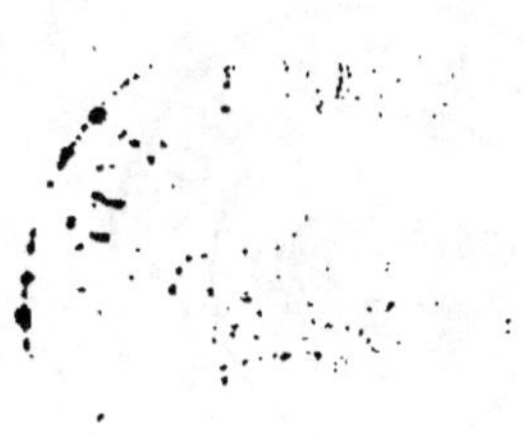

BATIGNOLLES-MONCEAUX. — Imp. de A. Desrez, rue Lemercier, 24.

BIOGRAPHIE

DE PARQUIN,

ANCIEN CHEF D'ESCADRON DE LA GARDE MUNICIPALE DE PARIS
OFFICIER DE LA LÉGION D'HONNEUR.

PARIS.

AU BUREAU DE LA DIRECTION
DU JOURNAL DES CONNAISSANCES UTILES,
RUE NEUVE-DES-PETITS-CHAMPS, 50.

AU BUREAU DU *CAPITOLE*,
RUE SAINT-PIERRE-MONTMARTRE, 17.

1840.

PARQUIN

(CHARLES),

ANCIEN CHEF D'ESCADRON DE LA GARDE MUNICIPALE DE PARIS,
OFFICIER DE LA LÉGION D'HONNEUR.

Toutes les fois que l'écrivain aborde les célébrités de l'empire, il ne peut se défendre d'un sentiment d'orgueil à l'aspect de tant de gloire. Ceux qui contribuèrent à l'acquérir deviennent pour lui l'objet d'un culte, et à mesure que les anneaux de cette chaîne illustre se brisent, la presse enregistre les faits, jette ses biographies et lègue aux écrivains futurs une foule d'épisodes destinés à compléter l'histoire imparfaite du règne de Napoléon-le-Grand.

Nous, qui avons été les témoins de tant de choses! nous, contemporains des campagnes célèbres d'Italie et d'Allemagne, et qui entendions vibrer à nos oreilles ces paroles électriques : « Soldats, je suis content de vous!!! » nous enfin, que transportait la lecture des bulletins de la grande armée, sentions bondir notre cœur, et un noble enthousiasme nous animait, et nous regrettions de ne pas avoir notre part de gloire.

Parquin (Charles), ancien chef d'escadron de la garde municipale de Paris, officier de la Légion d'honneur, frère du célèbre avocat de ce nom [1], fut du nombre de ceux qui

___

[1] Tout le monde a connu le célèbre avocat Parquin, que le bar-

prirent volontairement les armes pour la défense de la patrie. Il naquit à Paris, le 23 décembre 1786, de parens justement honorés dans le commerce. Son jeune courage s'enflamma aux bulletins de Marengo et de Zurich, et il s'enrôla à 16 ans; déjà d'une haute stature et d'une taille avantageuse, il fut admis au 20e régiment de chasseurs à cheval, alors en garnison à Abbeville; c'est dans cette arme qu'il a constamment fait la guerre depuis Austerlitz jusqu'à Waterloo! Peu d'officiers sont aussi anciens que lui dans la cavalerie.

Après la rupture de la paix d'Amiens, son régiment fut dirigé sur les côtes de l'Océan; Parquin y fit les campagnes des années 12 et 13 de la république, puis en 1806 assista, comme fourrier de la compagnie d'élite du 20e chasseurs, à la célèbre bataille d'Iéna. Journée sanglante, où il eut le malheur de perdre son capitaine et son colonel, desquels il avait su gagner l'estime et l'affection et qui s'étaient chargés de son avenir. Cette circonstance nuisit singulièrement à Parquin sous le rapport de son avancement.

Les événemens marchaient: celui qui imprimait le mouvement à l'Europe, l'Empereur était en Pologne. C'était en 1807; cette campagne s'ouvrait heureusement, mais elle devait encore être fatale à Parquin. La bataille d'Eylau enleva beaucoup de monde au 20e régiment de chasseurs.

Le brave major Castex, qui avait remplacé le colonel Marigny, tué à Iéna, reçut dès le matin du 7 février, du maréchal Soult, l'ordre de garder avec son régiment le grand parc d'artillerie du 4e corps. Aucun événement sérieux

reau regrette encore. Il fut enlevé à la carrière qu'il a illustrée à l'âge de 53 ans; ses vertus et ses talens lui valurent l'insigne honneur d'être, trois années de suite, élu bâtonnier de l'ordre des avocats de Paris.

n'avait signalé cette matinée, si ce n'est quelques manœuvres sous le canon ennemi ; mais vers les trois heures du soir, une énorme masse de dragons russes, flanquée d'une nuée de cosaques, s'avança au pas (la neige et le terrain ne permettant pas une autre allure) sur le parc préservé par le 20ᵉ régiment rangé en bataille en avant.

Dès que cette colonne fut à portée, elle fit retentir l'air de ses *houras* ; le jeune fourrier Parquin, vrai loustic de régiment, se mit à crier à tue-tête : « *Au chat !* » L'allusion fut saisie à l'instant de la droite à la gauche du régiment. Le choc fut terrible, mais les *rats* succombèrent.

L'Empereur était placé sur un point culminant et dominait la bataille. Son œil d'aigle n'en perdait aucune des phases ; il vit la position critique du parc d'artillerie du 4ᵉ corps, il vit aussi avec satisfaction la cavalerie russe sabrée, culbutée et mise en déroute complète. Il envoya immédiatement un aide de camp complimenter le brave 20ᵉ. Cet aide de camp fut accueilli aux cris mille fois répétés de Vive l'Empereur, que firent entendre les chasseurs en brandissant leurs sabres encore teints du sang ennemi.

Le jeune Parquin s'était distingué dans cette affaire de façon à attirer l'attention de tous ses camarades ; chacun avait fait son devoir. Parquin était certain d'un prochain avancement ; son espérance fut encore cette fois déçue.

Le lendemain 8 février, le 20ᵉ chasseurs à cheval faisait partie de la cavalerie du prince Murat, il poursuivait l'ennemi, qui se retirait sur Kœnisberg. Parquin, qu'on rencontrait toujours là où il y avait le plus de danger, eut son cheval tué sous lui en tirailleur. Un gros de cosaques l'entoura, reçut cinq coups de lance, fut fait prisonnier et ne recouvra sa liberté qu'à la paix de Tilsit.

Il faut avoir été prisonnier de guerre pour connaître le bonheur d'un soldat rendu à son régiment.

Ce fut dans les cantonnemens d'Esling, dans la vieille Prusse, que Parquin rejoignit le 20e chasseurs. Il y fut accueilli avec de grandes démonstrations d'amitié par tous ses camarades, qui l'avaient cru tué sur le champ de bataille le lendemain d'Eylau.

En 1809, la campagne d'Allemagne étant ouverte, le jeune Parquin déploya son courage dans mainte occasion.

Le 20e chasseurs formait avec le 9e hussards et le 7e chasseurs, sous les ordres du général Colbert, l'avant-garde des grenadiers réunis, corps qui était commandé par le général Oudinot.

Le 6 avril l'ennemi se retirant sur Saint-Pottin, la brigade Colbert atteignit son arrière-garde au village d'Amestesten. Le 20e chasseurs, qui ce jour-là se trouvait en tête de la colonne, l'attaqua avec son impétuosité ordinaire. Il fournit plusieurs charges qui détruisirent en entier le régiment *Murfeld Houlans*.

Les 9e hussards et 7e chasseurs culbutèrent et sabrèrent les *Barcos* hussards, et en firent prisonniers un grand nombre.

Le lieutenant général Oudinot, qui se connaît en résultats sur le champ de bataille, n'hésitait pas à dire qu'il préférait les avantages obtenus par la cavalerie à la prise de dix mille landwers ennemis.

Dans la charge contre les Houlans, dix officiers du 20e chasseurs furent mis hors de combat; de ce nombre était le jeune Parquin, qui fut grièvement blessé au bras gauche d'un coup de pistolet après avoir tué de sa main un Houlan et fait prisonnier un officier de hussards.

C'est à la suite de cette affaire que Parquin reçut son

brevet de sous-lieutenant dans son régiment. Ainsi, comme on le voit, il avait conquis ses galons sur le champ de bataille ; c'est encore à la pointe de son sabre qu'il gagna ses épaulettes. Et cependant il comptait déjà plusieurs campagnes et six années de services.

Après la bataille de Raab en Hongrie, gagnée par le prince Eugène sur l'archiduc Jean, on se préparait à celle de Wagram.

Notre jeune sous-lieutenant, à peine guéri de sa blessure, oubliant son état valétudinaire, rejoignit son régiment sur le terrain et participa à une charge qui détruisit entièrement un carré ennemi formé sur six rangs. Le 9e hussards enleva également son carré, mais le 7e chasseurs échoua sur le sien. Le colonel de ce régiment se nommait Labiffe : « Allons Labiffe, — lui avait dit le général Oudinot en donnant l'ordre de charger — Rebiffe-toi. » Le colonel fit de son mieux ; mais il faut dire ici que l'infanterie sur laquelle il chargeait était soutenue par une formidable artillerie, et qu'il dut son échec à cette circonstance.

Le 20e chasseurs avait été plus heureux, mais il avait perdu du monde et avait beaucoup de blessés, au nombre desquels se trouva Parquin, qui, sorti le matin de l'ambulance, y rentrait le soir grièvement blessé d'un coup de baïonnette à la cuisse droite.

La guerre en Allemagne terminée, le 20e chasseurs traversa la France pour se rendre en Espagne, où il fut mis sous les ordres du général Fournier, commandant l'avant-garde du 9e corps d'armée.

La gloire de la France avait grandi avec son territoire ; l'Empereur l'avait entourée d'une auréole de puissance et de majesté auxquelles toutes les autres puissances rendaient hommage. L'Espagne cependant soutenait une guerre harcelante, guerre de guerillas, à laquelle aucune affaire décisive ne venait mettre un terme. L'armée d'Espagne en était réduite à un continuel et très-fatigant qui-vive.

Le 2 février 1811, le général Fournier sut que Don Julien, intrépide chef de partisans, devait se présenter à trois lieues au delà de *Torros*, sur la route de Zamora, pour passer au gué le *Douro* avec ses guerillas. Il y envoya Parquin avec ordre de l'attaquer ; cet officier réussit complétement. Il avait avec lui cinquante chasseurs de son régiment ; il surprit les Espagnols dans un village où ils étaient venus passer la nuit pour effectuer leur projet, leur fit bon nombre de prisonniers. Don Julien lui-même, à la vue des siens préposés à sa garde tués, se jeta sur son cheval et s'enfuit, laissant ses papiers et ses bagages.

Les chasseurs du 20e firent là un bon butin en chevaux et en mulets. Toutefois cette bande de guerillas ne reparut plus dans la contrée.

Le lieutenant Parquin avait, dans cette circonstance, rendu un grand service à l'armée, constamment inquiétée par ces bandes, qui journellement attaquaient et pillaient les convois.

Cependant la guerre prenait un caractère décisif dans la Péninsule. La coopération des Anglais ravivait les espérances des Espagnols rebelles, et le 5 mai 1811 eut lieu la bataille de Ciudad-Rodrigo. Le 20e régiment de chasseurs à cheval, faisant partie de la cavalerie du lieutenant général Montbrun, chargea à fond la 1re légion d'infanterie anglaise, la sabra, la culbuta et eût infailliblement décidé la bataille si le prince Masséna, qui avait en poche son ordre de rappel, se fût soucié de la gagner.

Certes tous ceux qui étaient présens à cette affaire diront avec nous que ce jour-là le héros de Waterloo l'échappa belle ; malheureusement le brave des braves, le maréchal Ney, manquait. Il avait quitté l'armée huit jours avant ; une brouille avec le général en chef privait l'armée du secours de ses talens et de son épée.

Le jeune Parquin avait reçu une balle au visage, son colonel envoya une ordonnance s'informer de sa santé. Parquin lui écrivit de l'ambulance ce petit billet au crayon : « Ma « blessure ne sera rien. J'avais une dent contre les Anglais, « ils ont voulu l'enlever ; ils auraient bien dû se dispenser « d'en faire disparaître cinq autres avec. »

A Salamanque, le 17 septembre 1811, le général Fournier chargea Parquin d'une communication importante à faire au général Kellermann, qui était alors à Valladolid, et lui prescrivit de prendre avec lui un détachement de vingt-cinq chasseurs, la route étant souvent interceptée par des guerillas.

Parquin fit observer à son général que la distance qu'il avait à parcourir n'était que de quinze lieues et que seul avec son domestique, dont il connaissait le dévouement, montés sur de bons chevaux, il se chargeait de remplir cette mission. Cela fut décidé ainsi.

Il partit à l'entrée de la nuit et arriva à onze heures à une *posada* (auberge) isolée à peu près à moitié chemin de Salamanque à Valladolid. Là, il comptait prendre des chevaux frais pour poursuivre sa route ; mais quel ne fut pas son étonnement en entrant dans la cour, de la voir remplie d'hommes, de chevaux et de mulets, tous établis au bivouac ! Il les prit d'abord pour une caravane de contrebandiers ; mais il fut bientôt désabusé à la vue des carabines et des pistolets dirigés contre lui et son domestique. Il venait de tomber au milieu de la bande de guerillas commandée par Aguilar.

Toute défense était inutile. Parquin garda une attitude ferme et résolue ; conduit désarmé devant le chef des guerillas, qui comprenait le français, il lui dit : « Ma vie est entre vos mains, une imprudence que j'ai commise en est cause ; rendez grâce toutefois que je sois venu sans escorte, car ce serait vous, que je viens de surprendre, qui seriez tous en mon pouvoir ; mais songez que si un cheveu de ma tête vient à tomber[1], demain dix de vos camarades, officiers ou cavaliers des guerillas de Don Julien, qui sont en notre pouvoir prisonniers à Salamanque, seront mis à mort. »

Parquin se tut, prit familièrement de la bouche d'Aguilar le cigare qu'il fumait[2], et le portant à la sienne, il s'assit tranquillement, attendant sans faconde et sans peur que son arrêt fût prononcé. Il se fit un silence religieux pendant que ce chef traduisait à sa troupe les énergiques paroles de l'officier Parquin. Après quelques instans, Aguilar se leva, et, présentant la pointe de son poignard à la poitrine de Parquin, il lui dit : « *Hombre carajo* (diable d'homme), si pour la délivrance de mon pays il ne fallait que vous tuer, vous ne péririez jamais que de ma main, et les dix prisonniers que vous avez en votre pouvoir feraient aisément le sacrifice de leur vie pour la patrie ; comme il ne saurait en être ainsi, nous admirons votre résolution, et nous vous laissons libre. Soyons amis pendant quelques heures ; voici vos armes ; recevez l'hospitalité des guerillas, mettez-vous à table et trinquons ensemble. »

Parquin et son domestique prirent leur part d'un frugal

[1] Dans cette guerre, les guerillas ne faisaient point de prisonniers : ils étaient portés à cela plutôt par la gêne qu'ils leur auraient causée que par le besoin de répandre du sang.

[2] En Espagne, cette façon d'agir est regardée comme une grande politesse et un honneur.

repas, et, à la pointe du jour, ils prirent le chemin de Valladolid, heureux de l'avoir échappée si belle.

Le reste de leur voyage se fit sans encombre, et à son retour, Parquin reçut les félicitations de son général.

Pendant les deux années que Parquin fit la guerre dans la Péninsule, il eut souvent occasion de rendre des services aux Espagnols et mérita la reconnaissance d'un grand nombre.

Le maréchal duc de Raguse, qui avait remplacé le prince Masséna dans son commandement en chef de l'armée de Portugal, fit, dans le mois d'avril 1812, une invasion dans ce pays. Ce fut dans la vallée de Mondego que le chef d'escadron Damrémont[1], à la tête de deux cents cavaliers d'élite, formant l'escorte du maréchal, tomba à l'improviste sur une division de Portugais, sous les ordres du général Beresford, mis en arrière-garde de l'armée anglaise.

Le temps était favorable à une attaque de la cavalerie contre l'infanterie; une pluie battante empêchait l'infanterie de faire feu. Le général Beresford mit aussitôt les troupes en carré; mais elles ne purent tenir contre le choc; le premier carré enfoncé porta le désordre chez les autres, qui se rompirent, se débandèrent et s'enfuirent dans les bois. Parquin, adjudant-major de l'escorte, enleva du milieu du carré le drapeau du régiment *Eurillas*, et tua de sa main l'officier qui le portait. Le lieutenant Dubar, du 11e dragons, le maréchal des logis Soufflot, du 20e chasseurs, et d'autres cavaliers revinrent de la charge avec quatre autres drapeaux. La division ennemie n'en avait que six, elle venait d'en perdre

---

[1] Le même qui, devenu général commandant en chef l'armée française devant Constantine, reçut la mort des braves à l'assaut de cette ville.

cinq. Le général Beresford mit à l'ordre du jour : que l'unique drapeau restant à sa division serait déposé à Oporto, et que les Portugais marcheraient sans drapeaux jusqu'à ce qu'ils en eussent repris aux Français un pareil nombre.

Ces cinq trophées et 1,500 prisonniers furent les résultats de cette journée, où deux cents cavaliers d'élite seulement avaient été engagés.

Le 15 juillet 1812, devant Salamanque, le maréchal duc de Raguse, accompagné de quelques officiers, faisait une reconnaissance près de la ligne ennemie, lorsqu'un officier du 10e dragons anglais, dépassant les védettes, vint faire caracoler son cheval en brandissant son sabre à la vue des avant-postes français. « Que veut cet officier, dit le duc de Raguse ? — Monseigneur, dit Parquin, qui se trouvait près de lui étant adjudant-major de ses guides, cet officier veut sans doute échanger un coup de sabre, et si je n'étais pas de service auprès de votre excellence…. — Qu'à cela ne tienne, reprit le maréchal, je vous accorde la permission. » Ces paroles étaient à peine prononcées que Parquin avait mis son cheval au galop et rejoint l'officier anglais, dont il parait le coup de sabre et auquel il portait un vigoureux coup de pointe qui le renversait de son cheval. Parquin ramena son trophée en laisse, aux applaudissemens du maréchal et de ses aides de camp Richemont, Perregaux et Lancelot.

La carrière militaire de Parquin est remplie de faits mémorables, de traits piquans et d'actions courageuses. Nous nous bornons dans ce cadre à quelques citations.

Deux jours après, le 17 juillet, eut lieu la bataille des Aropiles, dont la perte est due à la blessure dangereuse que reçut le général en chef Marmont dès le milieu de la bataille. Un éclat d'obus lui fracassa le bras droit et deux côtes.

L'escorte du maréchal se distingua par plusieurs charges, dont l'une fit beaucoup de mal à un régiment de hussards hanovriens, réputés à juste titre comme une excellente cavalerie. L'adjudant-major Parquin se montra en cette occasion comme toujours ; son courage l'emporta trop loin, il fut blessé d'un fort coup de sabre au bras droit.

Il se vit dès lors forcé de quitter l'armée. Il rentra en France avec le maréchal duc de Raguse, qui le fit admettre comme lieutenant aux chasseurs de la vieille garde, le 10 mars 1813.

Parquin méritait bien son admission dans ce corps.

Après son retour de la désastreuse campagne de Russie, où les élémens avaient jeté un si énorme poids dans la balance des destinées de l'empire, Napoléon passait journellement en revue dans la cour des Tuileries les troupes qui quittaient Paris pour aller renforcer l'armée d'Allemagne. Le dimanche 6 janvier 1813, quelques escadrons des chasseurs de la garde étaient à une de ces revues, où figurait Parquin à la tête de son peloton. Désirant parler à l'Empereur et craignant de le manquer, attendu qu'il ne se gênait pas avec ses guides et passait souvent au galop sans s'arrêter près d'eux, Parquin mit pied à terre dans un moment de repos et fut se placer à la gauche d'un régiment d'infanterie que l'Empereur passait en revue. « Qui es-tu ? lui dit l'Empereur. — Officier de votre garde, sire. J'ai perdu un grade pour servir près de votre majesté. — Que me veux-tu ? — La décoration. — Qu'as-tu fait pour la mériter ? — Enfant de Paris, je suis parti enrôlé volontaire dès l'âge de seize ans. J'ai fait huit campagnes. J'ai gagné mes épaulettes sur le champ de bataille et reçu dix blessures que je ne changerais pas contre celles que j'ai faites à l'ennemi. Je lui ai enlevé un drapeau en Portugal ; le général en chef m'avait à cette occasion

noté pour la décoration, mais il y a si loin du Portugal à
Moscou que la réponse est encore à venir. — Eh bien ! je te
l'apporte moi-même. Berthier, écrivez la croix pour cet
officier, et que son brevet lui soit expédié demain. Je ne veux
pas que ce brave me fasse plus longtemps crédit. »

Ce fut une heureuse journée pour Parquin que celle qui
le vit honoré d'une distinction qu'il avait méritée au prix de
tant de fatigues et de blessures. Il eut lieu de se féliciter da-
vantage de sa démarche, puisqu'en l'imitant, plusieurs officiers de ses camarades, entrés comme lui nouvellement dans
la garde, obtinrent la décoration. Le lieutenant Goudemetz [1]
s'approcha de l'Empereur et la lui demanda. « Qu'as-tu fait
pour la mériter ? — Sire, deux de mes frères et moi nous
sommes enrôlés volontaires, il y a dix ans, au 3e régiment
de houssards. Les services que mes frères et moi avons
rendus à votre majesté méritent, je crois, la décoration. —
Ah ! tu crois, reprit l'Empereur. — Oui sire, et d'autant plus
que mes deux aînés ayant été tués, je reste seul maintenant
au service de la patrie. — Marquez cet officier pour la
croix, dit l'Empereur d'un ton visiblement ému au prince de
Neufchâtel. » Un troisième officier se présenta et reçut le
même accueil. C'était Legout-Duplessis [2], qui dit à l'Empereur : « Sire, à la bataille de Talavera en Espagne, étant maréchal des logis du 5e dragons, j'ai pris l'enseigne des gardes
wallonnes après avoir tué l'officier qui la portait et mis en déroute l'escorte qui était auprès de lui. J'ai été mis à l'ordre
du jour de l'armée pour ce fait d'armes. — C'est beau cela, dit

[1] Le lieutenant Goudemetz, devenu plus tard major de cavalerie à
l'école de Saumur, périt en 1829 victime de son dévouement en vou-
lant sauver un cavalier qui se noyait.

[2] Cet officier supérieur est maintenant en retraite.

l'Empereur, mais qui m'affirmera que c'est la vérité ? —
Votre aide de camp ici présent, Sire, le général Corbineau,
qui alors colonel de mon régiment commandait la charge. »

Le général Corbineau fit un signe affirmatif, et Legout-
Duplessis fut décoré.

Après le défilé de la parade, l'Empereur fit donner aux
troupes une gratification en vivres, payée sur sa cassette, et
invita les officiers à dîner. A cinq heures du soir, deux cents
officiers de toutes armes se réunirent en banquet sur la
terrasse des Feuillans, où le fameux Véry avait des salons.
Quatre tables de cinquante couverts furent dressées, et pré-
sidées par les généraux Lemarrois, Lauriston, Lobeau et
Rapp, tous aides de camp de Napoléon, qu'ils représentaient
à cette solennité et au nom de qui ils faisaient les honneurs.
Le repas fut joyeux, comme on le pense bien ; on y porta des
toasts à l'Empereur, à l'Impératrice, au Roi de Rome. Beaucoup des assistans au banquet avaient obtenu ou de l'avancement ou la croix, d'autres, plus jeunes au service, avaient les
récompenses en perspective ; les occasions de les mériter ne
pouvaient leur manquer, car dès le lendemain nous partions
pour l'armée.

Plusieurs d'entre nous avaient certainement fait leur der-
nier dîner chez Véry !

Le lieutenant Parquin fit ses premières armes dans la
garde aux journées de Lutzen, Bautzen et Leipsick ; dans
cette dernière bataille, le 16 octobre 1813, il eut le bonheur
de sauver, au péril de sa vie, celle du maréchal duc de
Reggio, qui se trouvait seul, n'ayant que son épée pour sa
défense et entouré d'un gros de cuirassiers autrichiens.

A Haneau, le 29 septembre 1813, la cavalerie de la garde
et les gardes d'honneur firent des prodiges de valeur sur
l'armée bavaroise, qui fut mise en pleine déroute. Parquin

y reçut un coup de baïonnette à la tête en chargeant sur l'infanterie. Le lendemain il fut fait capitaine dans la garde.

Ce fut dans la matinée de ce jour que l'Empereur, qui avait mis pied à terre au débouché d'un bois, disait aux officiers de sa suite : « Comment trouvez-vous les Bavarois, nos alliés d'hier, qui prétendent nous barrer le passage, nous empêcher de rentrer en France, et cela, quand nous apercevons d'ici le clocher de Mayence ? Parbleu c'est un peu fort. » Un sous-adjudant-major des grenadiers à cheval, Gaindet[1], dit à l'Empereur : — « Soyez tranquille, Sire, les Bavarois nous paieront aujourd'hui et leur trahison et leur jactance. » Ce qui fut dit fut fait. Mais à la fin de cette journée, le brave Gaindet fut trouvé mort sur le champ de bataille, entouré de plusieurs chevau-légers ennemis auxquels il avait fait payer chèrement sa vie.

Dans la mémorable campagne de France, le lendemain de la bataille de Montmirail, le capitaine Parquin fit encore preuve d'une rare intrépidité.

On se rappelle que les corps d'armée russe et prussien, commandés par les généraux Sacken et Bulow, effectuèrent en toute hâte leur retraite sur Château-Thierry, où ils ne durent leur salut qu'à la rupture du pont de la Marne qu'ils firent sauter. L'Empereur, à la tête de sa garde, vint en personne pour faire rétablir le pont sous ses yeux ; à quatre heures du soir cette opération étant terminée, il demanda au général Colbert cent cavaliers de sa garde commandés par un capitaine pour une expédition hardie. Parquin fut

---

[1] Ce Gaindet est le même qui, étant maréchal des logis au 10ᵉ hussards, faisant partie du corps d'armée du maréchal Lannes dans la campagne de Prusse, soutint un combat singulier à Solsfeld, le 12 octobre 1806, et frappa à mort le prince Louis de Prusse d'un coup de pointe qui le renversa à bas de son cheval.

désigné, et l'Empereur, le voyant arriver avec sa troupe, lui dit : « Marchez à l'ennemi, capitaine, et faites-moi des prisonniers. »

Un ordre comme celui-là, émané d'une pareille bouche, devait produire son effet. A huit heures du soir, Parquin avait rejoint l'ennemi à Oulchi-le-Château. Arrivé sur la route de Soissons, il s'empressa, après avoir fait sa reconnaissance, de prévenir le général Colbert que les Russes avaient établi leurs bivouacs au-dessus d'Oulchi-le-Château, et leur poste d'arrière-garde en deçà du village, tandis que l'état-major de leur armée occupait l'intérieur; et qu'il allait exécuter les ordres qu'il avait reçus de Sa Majesté.

Il le priait de faire soutenir ses mouvemens par quelques escadrons de cavalerie, car il était possible que l'ennemi, revenu de sa surprise, lui fît à son retour beaucoup de mal.

Ces précautions prises, Parquin joignit l'ennemi, enleva le petit et le grand poste [1], et traversa avec sa troupe au galop Oulchi-le-Château, y sema l'alarme et fondit sur les bivouacs russes et prussiens, qui se réveillèrent sabrés et pointés par des lanciers, des chasseurs, des dragons et des mameluks. La troupe mise sous les ordres du capitaine Parquin se trouvait composée de ces différentes armes de la garde; et l'ennemi dut se croire attaqué par plusieurs régimens de cavalerie à cause de la variété des uniformes. Aussi, l'épouvante fut-elle générale : il y eut un grand nombre de tués et de blessés, et on fit une centaine de prisonniers, dont deux colonels, qui furent immédiatement envoyés à

----

[1] Ce fut le jeune Reillon, alors lieutenant dans les chasseurs de la garde et maintenant colonel d'état-major, qui tua d'un coup de pistolet l'officier russe qui commandait le grand poste. La mort de cet officier contribua pour beaucoup à la déroute de l'ennemi placé en arrière-garde.

l'Empereur. Sa Majesté apprit d'eux la fatale nouvelle que Soissons s'était rendu la veille, et que quarante mille Russes ou Prussiens, qui n'auraient pu lui échapper, venaient de trouver là leur salut.

Une mission si périlleuse remplie avec tant d'audace et de bonheur méritait une récompense au brave capitaine Parquin. Ses chefs demandèrent pour lui la croix d'officier de la Légion d'honneur; mais la demande resta sans réponse, et ce ne fut qu'au retour de l'île d'Elbe que l'Empereur lui accorda cette distinction, se rappelant parfaitement le beau fait d'armes d'Oulchi-le-Château.

Vers la fin de la campagne de France, l'Empereur, marchant de Vitry sur Troyes, fut averti que le corps d'armée du maréchal Oudinot, qui était en route pour le remplacer à Vitry-le-Français, était fortement harcelé par une armée russe. A cette nouvelle, l'Empereur suspendit sa marche à une lieue de Vitry, fit passer au gué la rivière de Marne à la cavalerie de sa garde, et par une rapide manœuvre se porta sur le flanc droit des Russes dont il appela l'attention, et fit ainsi une heureuse diversion.

Le général Sébastiani vint donner au capitaine Parquin, qui commandait l'escadron d'avant-garde, l'ordre de charger à outrance sur une batterie de dix-huit pièces de canon que les Russes venaient d'établir en rase campagne. Cette charge fut exécutée avec une grande bravoure, mais à cent pas de la batterie la mitraille vint tellement éclaircir les rangs de l'escadron que Parquin s'empressa de le diviser en deux parts, qu'il dirigea à droite et à gauche en tirailleurs, laissant par là le terrain du centre à découvert, et par où arrivèrent les lanciers rouges de la garde, qui s'emparèrent des pièces avant que les artilleurs eussent le temps de les recharger.

Une division de cuirassiers russes venue au secours de l'artillerie se heurta contre les lanciers rouges qui, soutenus à temps par les 3e et 6e dragons, mirent en pleine déroute cette grosse cavalerie, dont près de six cents restèrent en notre pouvoir.

L'échec éprouvé par les Russes fut complet, et si la nuit ne fût survenue, leur infanterie, qui se retirait sur Bar à marches forcées, ne se serait pas échappée ; car l'Empereur, qui avait mis l'épée à la main, la poursuivait à la tête de la cavalerie de sa garde.

Les conséquences de cette belle journée permirent au maréchal Oudinot d'exécuter son mouvement sur Vitry.

Dans le compte qu'avait rendu à l'Empereur le général Sébastiani sur le commencement de cette affaire, il s'exprimait ainsi : « Il y a vingt ans, Sire, que je suis officier de cavalerie, et je n'ai jamais vu une charge qui surpassât en intrépidité celle qui a été exécutée par l'escadron d'avant-garde. » Paroles bien flatteuses pour le capitaine Parquin, qui en avait le commandement !

Pendant la première restauration, que la trahison et d'immenses revers nous avaient amenée, le capitaine Parquin fut envoyé par le ministre Dupont dans le 11e cuirassiers, mais au retour miraculeux de l'île d'Elbe, l'Empereur rappela cet officier dans sa garde impériale, qu'il ne quitta qu'au licenciement de la Loire.

Dès la seconde restauration, Parquin avait le commandement d'un escadron du 5e régiment de chasseurs à cheval. Il fut appelé comme témoin dans le procès de la conspiration dite napoléonienne qui fut déféré à la cour des pairs en 1820 ; le colonel Maziau y était impliqué comme chef du complot : M. le chancelier Dambray demanda à Parquin si cet officier ne l'avait pas initié dans la conspira-

tion, le capitaine répondit à la cour : « Le colonel ne m'a
« rien confié, mais, l'eût-il fait, n'attendez pas de moi,
« MM. les pairs, que par une déclaration quelconque je
« fasse porter à l'échafaud la tête d'un de mes anciens ca-
« marades. » Le capitaine Parquin fut mis immédiatement
à la réforme.

Vivement affecté de la perte d'un état où il avait brillé
par tant et de si honorables services, Parquin se réfugia
en Suisse, où il se mit à l'abri des tracasseries sans cesse re-
naissantes de la police de France, qui avait envahi tous les
degrés de la hiérarchie administrative et l'avait transformée
en un vaste atelier de délation.

Dans cette nouvelle patrie, il épousa une amie d'enfance
de la reine Hortense, seule de ses dames qui l'eût suivie
dans son exil.

Le capitaine Parquin habitait son château du Wolfberg
lorsque la révolution de 1830 éclata.

Aussitôt, s'arrachant à une vie heureuse et paisible, il ac-
courut se ranger sous son ancien drapeau et reprit son
rang dans l'armée, dont il avait été exclu par la plus criante
injustice.

En 1836, Parquin, chef d'escadron de la garde municipale,
alla en Suisse à l'occasion de la vente de sa propriété, où
sa femme venait de mourir. Tout le monde connaît la part
active qu'il prit le 30 novembre de cette année dans l'affaire
de Strasbourg comme aide de camp du prince Napoléon
Bonaparte.

Arrêté et traduit devant la cour d'assises du Bas-Rhin,
M. le président de cette cour crut devoir adresser à l'accusé
de graves reproches sur son manque de fidélité au serment,
Parquin lui fit cette réponse mémorable.

« Il y a 32 ans qu'assistant comme soldat au couronne-

« ment, et suivant l'exemple de quatre millions de mes con-
« citoyens, j'ai prêté serment de fidélité à l'Empereur et à
« sa dynastie. Ce serment, monsieur le président, est resté
« profondément gravé dans mon cœur, et je ne crois pas que
« ni les traîtres, ni les Cosaques, ni aucun autre serment,
« aient pu l'effacer ; le jour où le neveu de l'Empereur, à
« défaut de son fils mort, est venu se présenter aux trou-
« pes avec l'aigle impériale, je me suis rappelé avec bon-
« heur mon serment et avec enthousiasme la gloire de la
« France, qui était alors la grande nation !

« Voilà, monsieur le président, ce qui m'a fait aider le
« prince Napoléon dans sa noble et belle entreprise. »

Le jury de Strasbourg ne voulut pas voir des conspira-
teurs dans les amis du neveu de l'Empereur, marchant à
l'ombre de son aigle et de sa gloire ; aussi après un quart
d'heure de délibération, il les acquitta tous.

Dès l'arrestation de Parquin à Strasbourg, le ministre de
la guerre l'avait mis en traitement de réforme, immédiatement après son acquittement, Parquin lui envoya sa démis-
sion.

C'est ainsi qu'il quitta la carrière militaire, qu'il avait illustrée par mille actes de courage et de sang-froid, carrière
où il a brillé pendant plus de trente années et que peu d'officiers ont fournie aussi longue et aussi laborieuse. Il n'em-
porte pour récompense que ses glorieux souvenirs, que ses
blessures nombreuses et la croix d'officier de la Légion d'honneur, qu'il mérita en combattant contre les Autrichiens, les
Russes, les Prussiens, les Espagnols, les Portugais et les
Anglais, pendant les immortelles campagnes de l'empire.

H. FAURE.

Paris, le 24 juin 1840.

BIBLIOTHEQUE ROYALE